La Zambomba de Jerez

JOSÉ RUIZ MATA

La Zambomba de Jerez

ALMUZARA

© José Ruiz Mata, 2024
© Editorial Almuzara, s.l., 2024

Primera edición: octubre de 2024

Editorial Almuzara • Colección Flamenco
Editora: Rosa García Perea
Maquetación: Rosa García Perea

www.editorialalmuzara.com
pedidos@almuzaralibros.com - info@almuzaralibros.com

Editorial Almuzara
Parque Logístico de Córdoba. Ctra. Palma del Río, km 4
C/8, Nave L2, n° 3. 14005 - Córdoba

Imprime: Gráficas La Paz
ISBN: 978-84-10522-46-6
Depósito legal: CO-1536-2024
Hecho e impreso en España - *Made and printed in Spain*

A mis nietos, Gael, Alba y Leo.

Índice

INTRODUCCIÓN

En Jerez de la Frontera existe una fiesta que es muy particular, tanto que solo encontramos algo parecido en Arcos de la Frontera y Trebujena; lugares a donde pudo llegar a través de los jornaleros de los cortijos y viñas.

A esta celebración se le llama «Zambomba» por el nombre del instrumento musical que sirve de base a los cantes, una especie de bajo continuo que va marcando el ritmo. Se acompaña de otros instrumentos sencillos: panderetas, sonajas; y algunos domésticos como: el almirez, la botella de anís que se frota con una cuchara, la cántara que se golpea en la boca con una alpargata. Todo lo que produzca sonido vale para llevar el compás. Nada de guitarras, aunque en la actualidad sí se utilizan, ni laúdes, ni flautas, ni otros instrumentos que no sean de sencilla percusión.

Como instrumento, la zambomba es un cilindro más o menos grande que pude ser de diferentes materiales como cerámica, metal o madera, y se utiliza para acompañar cánticos, sobre todo villancicos navideños. Algunos autores le dan como lugar de origen el Congo, de donde llegó con los esclavos a mediados del siglo xv. La zambomba de Jerez suele ser una tinaja de barro de distintos tamaños, a la que se le cierra la boca con tenso parche de lienzo y se le amarra de manera vertical en el centro una caña más bien fina; lo común es sacar este carrizo de la tierra con un poco de raíz para que sirva de tope a la hora de atarlo a la tela. Al frotar con ambas manos húmedas la varilla, se produce una vibración que se transmite a la tela, la vasija sirve de caja de resonancia para producir un sonido grave y peculiar.

Las Zambombas se celebran en Adviento, en las cuatro semanas que anteceden a la Navidad, el 26 de diciembre ya nadie se preocupa de ellas y todos esperan al año siguiente con los instrumentos guardados. Visto así puede parecer una celebración cristiana, pero tenemos nuestras dudas de que así sea; dudas que nos han llevado a realizar el presente estudio en el que se intentará aclarar cuál pudo ser su origen.

Antiguamente, en los patios de las casas de vecinos, en las corralas o en alguna habitación grande de la vivienda, se reunían la familia, los vecinos y amigos, para cantar al caer la noche alrededor de una candela o una copa[1] de picón, y así luchar contra los fríos de finales de otoño o principios de invierno. De vez en cuando, alguien pasaba con una botella de anís, rara vez brandy, bandejas de pestiños, polvorones, roscos, alfajores; alcohol y dulces que aliviaban las gargantas y entonaban los cuerpos. Esta siempre ha sido una fiesta popular, en la que no participaban ni las instituciones ni las clases pudientes y que no era acompañada de grandes banquetes ni teatrales manifestaciones.

Pero ¿desde cuándo se celebran las Zambombas?, ¿qué objeto tenían antaño?, ¿por qué solo se dan en Jerez y su comarca?

Varias son las preguntas y complejas las respuestas, ya que no existe, que sepamos, ningún estudio sobre esta fiesta, por lo que nos tenemos que conformar con lo que vimos de pequeños, con las letras de las numerosas canciones que se conservan y algún atrevimiento para sacar conclusiones.

Algo que debemos tener en cuenta para el estudio de las Zambombas es que, aunque en la actualidad se ha enriquecido el repertorio con aportaciones que tratan de manera exclusiva el nacimiento del Niño Dios, en las letras de las coplas antiguas, la mayoría en romance, casi ninguna hacía referencia a la Navidad, y la que lo hacía solía ser irreverente o, al menos, descreída.

---

1   «Copa» es el nombre con el que se ha designado en Jerez al brasero.

15

Esta noche nace el Niño
y es mentira que no nace,
esta es una ceremonia
que todos los años le hacen.

Esta copla nos da pie a pensar que los reunidos no celebraban la Navidad, sino otra fiesta. Canciones que no hablan de Navidad, pero que solo se cantan en Adviento; curiosa paradoja. Es como si se reunieran para celebrar una contra-Navidad. Se congregaban para una celebración en lo que se puede denominar la cabila, los cabales, la familia más directa, los vecinos más cercanos, y no cantaban villancicos al uso, sino coplas antiguas sobre amores, desamores o desatinos de curas y monjas; para contar historias con referencias al placer sexual y al sentimiento erótico, tan contrarios a la doctrina de la Iglesia, como desafío y oposición a las normas conservadoras establecidas.

Las Zambombas están íntimamente ligadas al flamenco, por ello, al igual que a este, habría que buscar sus raíces en un tiempo pretérito, en las celebraciones populares en Alándalus que fueron mantenidas por los moriscos.

Como ya dijimos en el libro *Orígenes e historia íntima del flamenco*[2], en 1565, un sínodo provincial reunido en Granada acordó romper la vía evangelizadora pacífica de los mudéjares y optar por la represión mediante la implantación de las anteriores medidas, de 1526, que estaban en suspenso por el pago de ochenta mil ducados a la Corona. Mientras, una junta de teólogos y juristas de Madrid aceleró aún más las medidas represivas contra los musulmanes; sus trabajos quedaron plasmados en la pragmática real de 1567, por la que se obligaba a que, en el plazo de un año, todos los musulmanes fuesen cristianos y, además, lo pareciesen. Por lo cual, se les obligaba a abandonar por completo

---

2   José Ruiz Mata, *Orígenes e historia íntima del flamenco*, Almuzara, Córdoba, 2021.

17

todos los rasgos culturales que los identificaban: ropas, lengua, bailes, costumbres y tradiciones.

El fracaso de los intentos negociadores enfrentó a la comunidad morisca a una disyuntiva: esperar a que la situación cambiase a su favor o rebelarse contra Felipe II. El Albaicín y, sobre todo, las Alpujarras fueron escenarios de los estallidos de una sublevación que tuvo su preludio el 23 de diciembre de 1568 y que con gran rapidez se extendió por todo el reino de Granada. El día de Nochebuena los rebelados proclamaron en Béznar a Hernando de Córdoba y Válor como rey con el nombre de Abén Humeya, el cual, según los cronistas de la época, hizo un llamamiento a restablecer la paz con estas palabras: «¿Podremos negar que no tenemos agua de baptismo como ellos? ¿Negaremos que no somos vasallos súbditos naturales del rey Felipe? Pues tampoco podremos negar que la premática que tanto nos ha alborotado no fue hecha sino a buen fin, aunque nos ha parecido grave. ¿No veis que ni somos bien moros ni bien cristianos? Pues si esto es así, cierto es haber ofendido con este levantamiento a Dios primeramente y después a nuestro rey [...] Esta que llamáis libertad será muy bien trocada por la paz».

La guerra de 1568, o guerra de las Alpujarras, fue desproporcionada por el ingente grupo de moriscos —hombres, mujeres y niños— que fueron esclavizados o masacrados en los asedios y cercos, en los que las cuadrillas cristianas no tuvieron en

18

la lucha otro horizonte que la captura de un botín, sobre todo botín humano a quien prender para venderlo. En esta contienda aparecen los *monfíes*, moriscos que se echan al monte, a los que se consideran los primeros bandoleros y que recuerdan a los maquis de la Guerra Civil de 1936.

La suerte de los vencidos fue la deportación masiva hacia tierras castellanas y andaluzas. Ya fuesen «moriscos de paces», los de territorios no rebelados, o «reducidos», los sublevados. Se calcula que unos ochenta mil moriscos abandonaron el reino de Granada, algo más de la mitad de los existentes antes de la contienda. El camino del destierro lo afrontaron en lastimosas condiciones, soportando los rigores del invierno, mal alimentados, muchos de ellos enfermos y sin medios de transporte.

Aunque la previsión inicial era distribuirlos por el noroeste peninsular, finalmente se concentraron fundamentalmente en Andalucía, La Mancha, Extremadura, Murcia y Castilla la Vieja. Solo cuatro grupos de moriscos se quedaron en el reino de Granada: los pertenecientes a la élite, los esclavos, los niños en administración y los expertos en sistemas hidráulicos y trabajos de la seda.

A finales del siglo XV, anterior a la conversión[*] forzosa al cristianismo, la población mudéjar en la Andalucía bética era muy escasa y con una existencia sin conflictos. Ya habían pasado muchos años desde la conquista castellana y la mayoría de los antiguos musulmanes habían sido asimilados.

También hay que tener en cuenta que los intereses religiosos y las razones de Estado del siglo XIII[3], cuando esta zona fue conquistada por Castilla, no se parecían en nada a los del XVI.

Esta situación de normalidad se vio truncada en 1570 con la llegada de unos veinte mil moriscos granadinos a las tierras andaluzas del Bajo Guadalquivir, a los que habrá que añadir los provenientes de otros lugares de la península, como Hornachos. El plan de expulsión inicial contemplaba tres fases:

1. Reunión y agrupamiento de los moriscos en sus localidades de origen y, luego, en núcleos señalados a tal efecto.

2. Envío de grupos muy numerosos hacia Albacete y Sevilla, por tierra y por mar.

3. Dispersión por Castilla con el fin de alejarlos lo más posible de la costa mediterránea y del reino de Granada. Esta última parte del plan fue abandonada por diferentes razones, tanto de logística y problemas con el tiempo como de organización. Al final, se optó por el destierro en el norte de África.

---

3 Como ejemplo nos sirve que, tras la conquista de Toledo por Alfonso VIII, este rey dejó en el Gobierno civil de la ciudad a los mismos musulmanes que estaban antes.

Muchos miles de moriscos se dispersaron por Andalucía, pero aquí nos interesa, a causa de su destino en el Bajo Guadalquivir, un cargamento que partió de Almería y Vera con once mil quinientos moriscos, de los que solo llegaron a Sevilla unos cinco mil quinientos, los restantes se perdieron entre fugas, naufragios, enfermedades y otras vicisitudes de la travesía. Ya en los primeros días de estancia en Sevilla se escaparon unos mil docientos. Tras permanecer en esta ciudad durante algún tiempo sin ser trasladados al norte de África, el Ayuntamiento hispalense solicitó al Gobierno alguna solución al problema, pues el mantenimiento, solo en comida, de tantos individuos había vaciado las arcas del consistorio; aparte de que la sanidad de la ciudad se estaba resintiendo al tener que atender los médicos a tan alto número de personas. La sanidad fue un problema, tenían la obligación de cuidar de los moriscos no solo por caridad, sino, fundamentalmente, por miedo a que el hacinamiento provocase un brote epidémico. El Gobierno, que para entonces estaba en otros asuntos bélicos, se había olvidado de los moriscos hacía tiempo, por lo que contestó que ese era un asunto que debía solucionar el propio Ayuntamiento de Sevilla. La solución estuvo en repartir a los moriscos por las distintas ciudades y pueblos del reino de Sevilla. Suponemos que, siendo Jerez la ciudad de mayor población de ese reino, después de la capital, y siendo su economía fundamentalmente agrícola, le debió de tocar en suerte un buen número de moriscos.

El cabildo de Jerez se hizo eco, el 31 de marzo de 1579, de las protestas del vecindario «por haber mucha cantidad de esta gente morisca granadina»[4].

Recordemos que el morisco era cristiano, converso del islam él o un antepasado cercano, pero cristiano.

El morisco de tez clara no tuvo problemas en confundirse con el resto de la población, pertenecían al mismo pueblo; en cambio, el de facciones más morenas se hizo pasar por gitano. Que el morisco simulara ser gitano tiene su lógica; los gitanos eran perseguidos para que se asentasen en ciudades y dejaran su vida de nómadas, en cambio, el morisco estaba condenado al destierro por el solo hecho de ser morisco. Bastaba con que este se quedase a vivir en algún pueblo, como si fuese un gitano adaptado, para que pasase desapercibido, para que la Inquisición lo dejara en paz.

Demasiadas veces se confunde a un marginado con un gitano, y los moriscos en general eran eso: marginados. En Jerez, estos moriscos se asentaron en los arrabales de la ciudad, en el de San Miguel y en el de Santiago.

Que estos moriscos fuesen los impulsores de las Zambombas lo tenemos, por un lado, en que los

---

4   Padre fray Esteban Rallón, *Historia de Xerez de la Frontera y de los reyes que la dominaron desde su primera fundación.*

22

dulces que se consumen durante esta fiesta (pestiños, alfajores, polvorones, turrón) pertenecen todos a la repostería andalusí, aunque a algunos le hayan incluido la grasa de cerdo; por otro, que los arrabales era su principal ámbito de actividad, por lo que su relación con el flamenco es muy directa y nos aboca a otorgarle a esta fiesta un origen dentro de las mismas familias flamencas.

El hecho de que solo se cantasen antes de Navidad es muy significativo, ya que se puede entender como una respuesta a las celebraciones religiosas que se daban en esos días. La Iglesia y sus seguidores le cantan al nacimiento del Niño Dios, ellos se reunían al mismo tiempo para contar sus asuntos, que no tenían nada que ver con la oficialidad. Actitud que revela una oposición a la religiosidad dominante, con firmes propósitos al principio, como una costumbre cuando se han perdido las connotaciones antirreligiosas que las hizo nacer. Ello no quita para que también existiese alguna copla con referencias navideñas, no hay que olvidar que la Inquisición estaba pendiente de cualquier desviación doctrinal y era necesario no solo serlo, sino aparentar ser un buen cristiano. Asimismo, debemos tener en cuenta que las ceremonias domésticas estaban más arraigadas que las religiosas entre la población andalusí; desde mucho antes de la expulsión de los moriscos se tienen noticias de bodas, nacimientos y otras fiestas que se agrupaban bajo la denominación de leilas y zambras, término que proviene de *samar* o *samra*,

23

veladas nocturnas celebradas durante el califato y en algunos reinos de taifas.

Estas coplas, a diferencia del flamenco, que es un cante de una sola voz, se interpretan a coro y rara vez interviene algún solista; por lo que se entiende que son para el pueblo llano, sin que se requiera ninguna cualidad especial para participar. Todas ellas son alegres, pegadizas, festivas y de melodía constante; compuestas para un registro medio de voz, para facilitar su interpretación. En algunas de estas coplas se utiliza el estribillo para darle unidad a la narración; estribillo que, a veces, solo son una serie de palabras sin un claro significado.

Todo ello apunta hacia un origen de la Zambomba, al igual que el flamenco, de raíz morisca; una fiesta profana, enmarcada en una sociedad cristiana, de los conversos que ya estaban aquí establecidos, a veces como esclavos, de los que se refugiaron en Jerez tras el bando de destierro y de los que regresaron de la expulsión haciéndose pasar por gitanos. La antigüedad de sus letras se supone, ya que algunas narran historias de cautivos por los moros, de doblones como paga, de pañuelos de holanda:

[...]

—No te vayas segador,
que se te olvida la paga.

24

Le ha dado mil doblones
en un pañuelo de holanda.
Que más valía el pañuelo
que el dinero que llevaba.

Otro motivo que nos lleva a concluir la antigüedad de esta fiesta es el sistema armónico que utiliza en sus diferentes cantos.

Según también dijimos en *Orígenes e historia íntima del flamenco*, dentro de la música existen dos sistemas armónicos: el modal y el tonal.

El modal se dispone de acuerdo con los sonidos que conforman una determinada escala musical, emplea formas fijas e inamovibles, con armonías precisas e instrumentos concretos. Este sistema solo atiende a la relación horizontal entre las notas, relegando la armonía a un segundo plano. Sus intervalos son microtonales (inferiores a un medio tono), normalmente cuarto de tono, por lo que en este caso tendríamos veinticuatro notas en la escala.

El sistema modal utiliza diferentes sucesiones de sonido: frigio, dórico, lidio y mixolidio, cada uno de los cuales se divide en una versión auténtica y otra plagal. Cada modo del sistema modal comienza en una nota puntual y tiene una estructura característica que no se corresponde con ninguno de los otros modos.

El tonal implica una jerarquía dentro de las notas, de ahí que cada una de ellas lleve un nom-

25

bre que la determina: I tónica, II supertónica, III mediante, IV subdominante, V dominante, VI superdominante o submediante y VII sensible o subtónica. Está basada en escalas mayores (modo jónico) y escalas menores (modo dórico) y no solo presta atención a la relación horizontal de los intervalos de unas notas con otras, sino, fundamentalmente, a la relación vertical de la armonía, a sus modulaciones. Los intervalos son de medio tono, lo que nos da doce notas en la escala: siete notas más cinco alteraciones. Aunque el sistema tonal solo reconoce dos modos, posee doce transposiciones para cada uno de ellos, lo que nos da doce tonalidades en modo mayor y doce en menor.

El tonal será el sistema que se implante en Occidente a partir del siglo XVII y dará lo que se llama música clásica. Se le considera más desarrollado que el modal, pues existe una relación matemática entre las notas.

En cambio, el modal es un sistema muy anterior, es la música de la antigua Grecia y la que se difunde por el Mediterráneo durante la Edad Antigua. Es también la música oriental, que se asocia a la árabe, el *modo maqam*, que se caracteriza por la existencia de un orden específico, una organización obligatoria del espacio y de los tonos en el que impera el estado emocional del intérprete.

Por ello, al utilizarse en la música de las Zambombas el sistema modal, hace que su origen sea anterior al siglo XVII.

Terminemos esta introducción diciendo que la Zambomba de Jerez fue declarada, por la Junta de Andalucía, como Bien de Interés Cultural en diciembre de 2015. Con ello se reconocía su gran valor etnológico y cultural.

Navidad

Declarada "Fiestas de Interés Turístico de Andalucía"

Jerez

Paco Tana

Ayuntamiento de Jerez

JEREZ

DIFERENTES TIPOS DE LETRAS

Entre los cantos profanos de las Zambombas, que son los que vamos a estudiar, y también son los más antiguos, se distinguen tres tipos: los que narran las aventuras de algún personaje, los que demuestran la destreza de los participantes y sirven para alentar a la fiesta, y romances burlescos, que suelen ser de temas populares o que nombran, de pasada o directamente, elementos religiosos, por lo que representan una chanza o crítica a los representantes de la Iglesia. Estos temas, sobre todo los últimos, tienen su correspondencia con la tradición literaria renacentista, en particular los cuentos de *El Decamerón*, de Giovanni Boccaccio (1313-1375), o *Los cuentos de Canterbury*, de Geoffrey Chaucer (1340-1400).

Ejemplos del primer tipo, los que narran las aventuras de algún personaje, pueden ser:

29

AL PASAR POR CASABLANCA

Era un Domingo de Ramos
la mora a paseo iba,
y la cogieron los moros
se la llevaron cautiva.

Su hermano cogió un caballo
de los mejores que había,
y ha salido a buscarla
por toda la morería.

Al pasar por Casablanca,
pasé por la morería,
yo vi una mora lavando,
lavando en la fuente fría.

Yo le dije mora bella,
yo le dije mora mía,
deja beber mi caballo
de esta agua cristalina.

—No soy mora, caballero,
que soy cristiana cautiva,
me cautivaron los moros,
el día de Pascua Florida.

—Si quieres venir a España,
aquí en mi caballería.
—Los pañuelos que yo lavo,
¿dónde los dejaría?
—Los finos, finos de Holanda,

conmigo los llevarías,
y los que no valen nada
por el río abajo irían.

—Y mi honra, caballero,
¿dónde la dejaría?
 —Yo juro de no tocarte,
hasta los montes de Oliva.

Al llegar a aquellos montes,
la mora se echó a llorar.
—¿Por qué lloras, mora bella,
por qué lloras, mora linda?

—Lloro porque en estos montes
mi padre a cazar venía,
con mi hermano el Moralejo
y toda su compañía.

—¡Ay, Dios mío, lo que oigo,
Virgen Sagrada María,
creí que traía una esposa
y traigo una hermana mía!

Abre, padre, los balcones,
ventanas y celosías,
que ya apareció la reina
que lloraba noche y día.

En otra versión, a partir de la novena estrofa, dice:

Al llegar a aquellos montes
la mora se sonreía.
—¿De qué ríes, mora bella,
de qué ríes, mora linda?

Si te ríes del caballo
o te ríes de la silla
o te ríes de la espada
que la llevo mal ceñida.

—No me río del caballo,
ni tampoco de la silla,
ni me río de la espada
que la llevas bien ceñida.

Me río porque a estos montes
mi padre a cazar venía
con mi hermano el Moralejo
y toda su compañía.

—Válgame la Virgen Santa,
válgame Santa María,
que pensé traer una esposa
y traigo una hermana mía.

Madre, usted por ver a su hija,
madre, usted cuánto daría.

—Daría todos mis bienes
y también daría mi vida.
Abrid puertas y balcones,
ventanas y celosías,
que ha aparecido la infanta
que lloraba noche y día.

Que repiquen las campanas
y toquen con alegría,
que ha aparecido la infanta
en tierras de la morería.

Comprobamos que en el segundo verso dice: «la mora iba de paseo», en el tercero: «la cogieron los moros», en la cuarta estrofa: «Yo le dije mora bella,/ yo le dije mora mía», en la quinta ella le contesta: «No soy mora, caballero,/ que soy cristiana cautiva». Esto nos puede sugerir que en el segundo verso ha existido un error, pero en la novena estrofa dice: «la mora se echó a llorar», y el caballero le pregunta: «—¿Por qué lloras, mora bella,/ por qué lloras, mora linda?». Lo que nos lleva a suponer que en la época en que se compuso esta canción existían al menos dos acepciones para la palabra «moro» o «mora»: una referente a los habitantes del Magreb, que es como se usa hoy en día, y otra para los moriscos peninsulares. Por lo que nos debemos remontar al siglo XVI o XVII, que es cuando «moro» y «morisco» eran sinónimos. El poema nos pone en escena a una morisca supuestamente raptada por los musulmanes del norte de África y rescatada por su hermano. También podemos extraer de este episodio que el morisco, en este caso el hermano, podía pasar tranquilamente al Magreb, ya que dice: «y salió a buscarla/ por toda la morería», donde parece que no se escondió ni luchó con nadie, tan solo al pasar por Casablanca, que está bastante al sur, la vio lavando y se la trajo sin mayores impedimentos. Aunque es posible que no fuese al Magreb, que la citada morería estuviese más cerca, quizás en la misma península, ya que la Casablanca de Marruecos no es importante hasta finales del siglo XVIII y en la canción no menciona ningún viaje en barco, solo a caballo. Casablanca, como Casabermeja, bien podría referirse a una morería peninsular.

En España existen muchos lugares en Valencia, Murcia, Andalucía y Extremadura que se llaman Casablanca. El más sugerente para nosotros es un pago cerca de Conil de la Frontera, en la provincia de Cádiz.

Asimismo, observamos un desliz ya que la mora salió a pasear el domingo de Ramos y ella dice luego que fue cautiva el día de Pascua Florida, por lo que el que compuso la canción o no sabía mucho de fiestas cristianas o se dejó llevar por la rima. Curioso es también, y reafirma nuestra opinión de que era morisco, que al hermano lo llamaran el Moralejo.

Según algunos estudiosos, este poema es una versión local del romance «Don Bueso y su hermana cautiva», que, a su vez, Ramón Menéndez Pidal hace derivar del poema épico medieval alemán «Kudrun», de gran difusión por toda Europa. En España se conservan versiones muy parecidas a la nuestra en la zona noroccidental de la península, donde Joaquín Díaz recogió una titulada «El día de los torneos». Otras versiones distintas de este romance se conservan en diversas zonas de Andalucía, Cataluña y en comunidades sefardíes de Marruecos y Turquía. No obstante, la canción jerezana es la que mejor exterioriza las emociones contenidas en el poema, además de incorporarle elementos propios, como el nombre del hermano.

Lógicamente, al igual que los cuentos clásicos, los romances han viajado de una región o de un país a otro, adoptando sus vestimentas o características de la nueva sociedad que los hacía suyos y, sobre todo, adaptando su música a la del nuevo pueblo o cultura que los acogía. Tengamos en cuenta que las inquietudes, aspiraciones y temores del hombre son universales. Por ello resulta tan difícil conocer la autoría de un romance y qué distintos derroteros ha cogido. Por supuesto, no todas las coplas que se cantan en la Zambomba son de creación jerezana, las hay que deben provenir de los villancicos españoles o europeos, del romancero popular español, aportadas por los moriscos que se asentaron en esta ciudad, o de cualquier otro origen. Lo importante en este caso es que han arraigado con fuerza en Jerez y se les ha dotado de unas características que las hace singulares.

Tenemos el testimonio de Bartolomé Gallardo (1776-1852), que, estando preso en la cárcel de Sevilla, acusado de ser liberal, oyó a dos gitanos de Marchena cantar varios romances del siglo XVI; tan buena impresión le causó que mandó recogerlos en unos pliegos. Una vez publicados, comprobó que estos romances ya se cantaban en Jerez; por fin tenemos una fecha.

Como ejemplo de un romance que se importa de otra ciudad, pondremos este, que siempre nos ha llamado la atención por no tener Jerez una calle que se llame San Francisco ni una peña desde la que se pueda ver la luz. Al parecer esta es una copla que proviene de Arcos de la Frontera que, modificándole la letra, popularizó La Paquera de Jerez. Nos hemos decidido, al ser más antigua, por la versión de Arcos, indicando que la de Jerez solo cambia al decir «los cañones» en vez de «dos cañones», y que en la indicación al marinerito se modifica el nombre de las calles por Medina y Doña Blanca para adaptarla a la nueva población.

CALLE DE SAN FRANCISCO

Calle de San Francisco,
que es larga y serena,

36

tiene cuatro farolas
y sin merecerlas y bien merecidas.
Dos cañones,
dos cañones de la artillería,
y en medio un castillo
donde hombres,
donde hombres, mujeres y niños
debían de estar.
¡Calla lengua,
calla lengua y no hables más!

Muchas con el achaque
de tomar el fresco
se asoman a la ventana
y con gran descontento
su madre le dice,
su madre la llama:
—Mariquilla,
Mariquilla, cierra la ventana.
—Ya voy, mamá,
que estoy viendo,
que estoy viendo la gente pasar.
Y era porque estaba
con el novio,
con el novio pelando la pava.

Estando yo en mi puerta
y con otras dos,
pasó un marinerito
y me preguntó
dónde está la plaza.
Yo le dije,

yo le dije con mucha cachaza:
—Vuelva usted la esquina,
calle de Gomeles,
Casa de las Aguas,
derechito,
derechito sale usted a la plaza
donde venden pan
y también molletes.
Cuidadito,
cuidadito con aquella gente,
que roban pañuelos
y la bolsa y la bolsa
que lleva el dinero.

Calle arribita,
arribita hay una luz en la peña
donde se ven venir
los novios y novias
de pelar la pava.
Esa luz,
esa luz que les daba en la cara,
ay, qué luz más bella.
¡Viva, viva, viva, viva
la luz de la peña!

También existe una variante para la segunda
estrofa que reza:

Muchas con el achaque
de tomar el fresco
se van a la ventana
con mucho silencio.
Su madre las llama:
—Mariquilla,
Mariquilla, cierra la venta.
—La voy a cerrar,
que estoy viendo,
que estoy viendo la gente pasar.
Y era porque estaba
con su novio,
con su novio pelando la pava.

Según algunos estudiosos, el siguiente romance
es originario de Extremadura; opinión que debe
ser contrastada ya que no solo hace referencia a la
plaza de *Cai* (Cádiz), que podía ser el puerto de
embarque aun viniendo los quintos de cualquier
rincón de la península, sino que alude a los buenos
mozos del barrio de San Miguel de Jerez; aunque
esta puede ser una variante local.

YA SE VAN LOS QUINTOS, MARE

Ya se van los quintos, mare,
ya se llevan a mi Pepe,
ya no tengo quién me traiga,
horquilla pa mi roete.

(Estribillo)
Que a los soldaditos
se lo llevan ya,
al campo del moro
para peleá.
La plaza de Cai
la van a adornar
con cintas de seda
y tiras bordá.

La mare son las que lloran
y las novias no lo sienten,
se van con cuatro zagales,
y con ellos se divierten.

Estribillo

Ya se van los quintos, mare,
ya se van los de Jerez,
se llevan los buenos mozos
del barrio de San Miguel.

Estribillo

Ya se van los quintos, mare,
ya se van los buenos mozos,
ya se quedan las mocitas
con los viejos más graciosos.

Estribillo

Continuemos con algunos romances más:

ENTRÉ EN EL JARDÍN DE VENUS

Entré en el jardín de Venus,
cinco capullos corté,
fueron los cinco sentidos que
yo puse en tu querer.

(Estribillo)

Ábreme la puerta,
ciérrame el postigo,
échame el pañuelo
que yo vengo herido.
Pues si vienes herido,
vete al hospital,
que allí están las monjas
de la caridad,
que curan de balde
y no llevan na.

De los cinco te doy uno,
y yo me quedo con cuatro,
por haberte conocido
y haberte querido tanto.

Estribillo

De los cuatro, te doy uno
y yo me quedo con tres,

41

por haberte conocido
y haberte querido bien.

Estribillo

De los tres te doy uno
y yo me quedo con dos,
por haberte conocido,
niña de mi corazón.

Estribillo

De los dos te doy uno
y yo me quedo con otro,
por haberte conocido
y haberte querido poco.

Estribillo

El último que me queda
te lo doy de mala gana,
por haberte conocido
un lunes por la mañana.

Estribillo

EL SEÑOR DON GATO

Estando el señor don Gato
sentadito en su tejado,
maramamiau, miau, miau,

sentadito en su tejado.

Ha recibido una carta
si quería ser casado
maramamiau, miau, miau,
si quería ser casado.

Con una gata parda
que andaba por el tejado,
maramamiau, miau, miau,
que andaba por el tejado.

El gato por ver a la novia
se ha caído del tejado,
maramamiau, miau, miau,
se ha caído del tejado.

Se ha roto siete costillas
y el grueso del espinazo,
maramamiau, miau, miau,
y el grueso del espinazo.

Se lo llevan a enterrar
a la plaza del pescado
maramamiau, miau, miau,
a la plaza del mercado.

Al olor de las sardinas
el gato ha resucitado,
maramamiau, miau, miau,
el gato ha resucitado.

Por eso dicen las gentes
siete vida tiene un gato,
maramamiau, miau, miau,
siete vidas tiene un gato.

A propósito de esta canción, Antonio Manuel[5] nos dice:

Esta conocida rueda infantil todavía se canta en las medinas-juderías norteafricanas y en infinidad de países americanos. La canción habla de la boda de un cristiano viejo descendiente de godos (probablemente Sidi ben Kati) que pretende casarse con la hija morisca (gata blanca) de un morisco, musulmán o incluso «moro» (gato pardo). Ella necesita acreditar su limpieza de sangre para contraer matrimonio. Y el cristiano viejo termina cayendo del tejado y perdiendo todos sus privilegios. Incluso se habla de muerte y de resurrección como símiles de conversión religiosa.

La letra en España es un jeroglífico. Y es lógico que así sea puesto que, hasta la ley de 16 de mayo de 1865, se mantuvo vigente la acreditación de la limpieza de sangre para casarse o emprender una carrera política. Sin embargo, no ocurre lo

---

5   Antonio Manuel, *La huella morisca*, pp. 97 y ss.

44

mismo en Colombia, donde se mantiene como un mamut en el gulag siberiano:

Estando el señor don Gato
en silla de oro sentao,
a eso que le viene la carta que si quisiera
                                [ser casao,
con la muringa morisca
hija del gato pintao.

Por darle un beso a la ringa
se cayó del tejao,
se quebró todos los güesos y quedó
                                [despanzurrao.

Se puso a hacer testamento
de lo que se había robao:
cien varas de longaniza,
muchos quesitos curao,
doctores y cirujanos
lo vinieron a curar,
y no lo pudo ni el señor gusano.

Un ejemplo de canción que sirve para demostrar la pericia de los participantes y alegrar la fiesta puede ser:

A dormir que han dado la una,
a dormir que han dado la una.
Que ni una, ni media, ni nada,
todo por la madrugada
campanillas coloradas.

A dormir que han dado las dos,
a dormir que han dado las dos.
Que ni dos, ni una, ni media, ni nada,
todo por la madrugada
campanillas coloradas.

A dormir que han dado las tres,
a dormir que han dado las tres.
Que ni tres, ni dos, ni una, ni media, ni nada,
todo por la madrugada
campanillas coloradas.

De esta forma, cada vez va sonando una hora
más que se tiene que cantar al revés, cada vez más
rápido, hasta llegar a las doce.

EL CURA NO VA A LA IGLESIA

El cura no va a la iglesia,
dice la niña, ¿por qué?
Porque no tiene zapatos,
zapatos yo le daré.

46

Los zapatos gurripatos
con su hebilla y su tacón.
Ora pro nobis, kirie eleison,
Santa María, Madre de Dios.

El cura no va a la iglesia,
dice la niña, ¿por qué?
Porque no tiene calzones,
calzones yo le daré.

Los calzones sin botones,
los zapatos gurripatos
con su hebilla y su tacón.
Ora pro nobis, kirie eleison,
Santa María, Madre de Dios.

Así, al cura le faltan las diferentes prendas para
ir a la iglesia: camisa, chaleco, chaqueta, sotana y
bonete; y cada nueva vestimenta se va agregando al
conjunto, con su correspondiente rima, por lo que
la última estrofa queda como sigue:

El bonete, saca y mete,
la sotana, larga y llana,
la chaqueta, cuchufleta,
el chaleco, con sus flecos,
la camisa, larga y lisa,
los calzones, sin botones,

los zapatos gurripatos
con su hebilla y su tacón.
Ora pro nobis, kirie eleison,
Santa María, Madre de Dios.

En este romance es graciosa la sorna con que trata la vestimenta del clérigo, aunque no pasa a mayores, como en esta otra en la que un solista le dice a la audiencia:

Un cura le pidió a una niña.

A lo que es preguntado a coro:

Qué le pidió, qué le pidió.

El solista contesta:

Le pidió beso en la frente, y en la frente
[se lo dio.

Toda la audiencia canta:

Pobre niña, qué inocente,
en la frente se lo dio.
Y al cura se lo llevan preso,
ora pro nobis, kirie eleison.

Vuelve el solista a decir que un cura le pidió a una niña y así al beso de la frente va a las cejas, a la nariz, a la boca, y así va bajando en la anatomía femenina hasta llegar a las partes íntimas, y así se entiende por qué apresan al cura.

Tampoco faltan canciones de directa burla hacia los representantes de la Iglesia:

ESTANDO UN CURITA

Estando un curita
malito en la cama,

a la media noche
llama a la criada.

Qué quiere el curita
que tanto me llama.

Quiero chocolate
y no tengo agua.

El pozo es muy hondo
la soga no alcanza.

Toma este pedazo
añádele una cuarta.

Estando en el pozo
le picó una araña,

le picó con gusto,
le picó con ganas.

Y a los siete meses
la barriga hinchada,

y a los nueve meses
parió la criada.

Y parió un curita
con capa y sotana.

Y el cura le dice:
Le pondremos un ama.

Y ella le responde:
No me da la gana,

que tengo dos tetas
como dos tinajas.

Y al año siguiente,
también parió el ama.

Y parió un curita
con capa y sotana.

LA MONJA Y EL SANGRADOR

Una monja estuvo mala.
Avisan al sangrador:

¡Sangrador, sangrador, sangrador!
Prepara los vendajes
y las cintas para el pie.
Y entonces dijo la monja:
¡Ay, pinche usted!,
¡pinche usted, pinche usted, pinche usted!
A eso de los nueve meses
la barriga se le hinchó,
y tuvo un hijo curita con su borlón,
con su borlón, con su borlón, con su borlón.

Unos dicen que es del cura,
otros dicen que es del segador.
Y entonces dijo la monja:
¡Ay, de los dos!
¡Ay, de los dos, de los dos, de los dos!

LA MADRE ABADESA

La madre abadesa
me llevaba al jardín,
a regar las flores
de mayo y abril.

Yo no quiero flores,
yo no quiero na;
casadita sí, eso sí,
pero monja no, eso no.

Mala fue mi madre,
que no me casó

51

con aquel gitano
que quería yo.

La madre abadesa
me daba a mí flores,
ella me las daba
a falta de amores.

Yo no quiero flores,
yo no quiero na;
casadita sí, eso sí,
pero monja no, eso no.

Mala fue mi madre,
que no me casó
con aquel gitano
que quería yo.

La madre abadesa
me daba a mí anises,
ella me los daba
cuando estaba triste.

Yo no quiero anises,
yo no quiero na;
casadita sí, eso sí,
pero monja no, eso no.

Mala fue mi madre,
que no me casó
con aquel gitano
que quería yo.

LOS PEREGRINOS

Para Roma caminan
los peregrinos,
a que los case el papa
porque son primos.

Sombrerito de hule
lleva el mozuelo
y la peregrinita
de terciopelo.

Al pasar el arroyo
de la Victoria,
tropieza la madrina,
cayó la novia.

La madrina se ríe
y el novio llora,
al ver que se ha caído
el bien que adora.

Al llegar al palacio
suben arriba
y en la sala de en medio
los examinan.

Le ha preguntado el papa
la edad que tienen,
ella dice que quince
y él diecinueve.

Le ha preguntado el papa
por la doctrina,
dice que no la sabe
la peregrina.

Le ha preguntado el papa
que si han pecado,
al pasar el arroyo
le di la mano.

Andaba el Padre Santo
de silla en silla,
por cogerle la mano
a la peregrina.

Peregrinita hermosa,
vámonos de aquí,
que por lo que yo veo
me quedo sin ti.

En este último romance se nos hace ver que la peregrina no conoce la doctrina de la Iglesia, indicación que puede hacer referencia a su origen no cristiano, circunstancia que además el papa obvia, ya que no intenta adoctrinarla, sino que muestra unas pretensiones sospechosas, aunque descaradas, hacia ella; porque el novio, al ser preguntado que si han pecado, contesta: «al pasar el arroyo/ le di la mano», falta que el Santo Padre también intenta cometer. Pongamos dos ejemplos más de burla hacia la Iglesia:

Un calderero me ronda
las tapias de mi corral
y el maldito calderero
tiene un ojo de cristal.
Si lo tiene o no lo tiene
a usted no le importa na.

El maldito calderero
no tenía na que cenar:
una ensaladita verde
picaita y poco pan.
El maldito calderero
a la iglesia va a rezar.

Y al tomar el agua bendita,
las manos se fue a lavar;
al hincarse de rodillas,
se le fue el punto de atrás;
y al decir —creo en Dios Padre,
creo en el canasto del pan.

Después de cada estrofa se canta el estribillo:

¡Bombo va!
Que le den a usted,
que le van a dar.

Ahora, el segundo:

55

Estando san Pedro
sentadito al sol
en calzones blancos
y fuera el cordón.
Se asoman las monjas
por el mirador.
—¿Qué es eso, san Pedro,
qué es eso, señor?
—Estas son las bolas
de mi munición
y esta la pistola
con que apunto yo.

La mayoría de estos poemas son romances, a veces cortos o romancillos, de compás binario; asimismo, existe una rica variedad de ritmos y melodías, todas en un tono pegadizo. En la actualidad se han incorporado nuevas letras que, como ya dijimos, presentan unos temas más navideños y que, fundamentalmente, adoptan el ritmo de bulería. Suponemos que, entre las letras antiguas, las habría religiosas, pero es difícil precisar en qué época se incorporaron estas al repertorio tradicional. En las canciones añadidas últimamente nos encontramos con autores como Federico García Lorca, La Paquera o Antonio Gallardo, aunque también los hay anónimos:

La Micaela

Estando la Micaela
sentadita en su balcón
le ha dado una fatiga
y llamaron al doctor.

(Estribillo)
Que dale, que toma,
que azúcar y canela,
que no hay quién le dé
con el mal a la Micaela.

Le puso el doctor
la mano en la frente,
y dijo Micaela:
Ay, doctor, que estoy caliente.

Estribillo

Le puso el doctor
la mano en la boca,
y dijo Micaela:
Ay, doctor, que me vuelvo loca.

Estribillo

Le puso el doctor
la mano en el pecho,
y dijo Micaela:
Por ahí se va derecho.

Estribillo

Le puso el doctor
la mano en el ombligo,
y dijo Micaela:
Por ahí me voy contigo.

Estribillo

Le puso el doctor
la mano en la rodilla,
y dijo Micaela:
Ay, doctor, que me hace cosquillas.

Estribillo

Le puso el doctor
la mano en la ingle,
y dijo Micaela:
Por ahí corre la pringue.

Estribillo

Le puso el doctor
la mano en el chichi,
y dijo Micaela:
Ahí, ahí, ahí.

Entre las letras más conocidas existen algunas
que todos cantan sin apenas reparar en su carácter
surrealista:

Pero mira cómo beben
los peces en el río.
Pero mira cómo beben
por ver a Dios nacido.
Beben y beben
y vuelven a beber
los peces en el río
por ver a Dios nacer.

O esta otra de:

Si el río de Cartuja[6], güi, güi güi,
fuera de vino, rengue, rengue, rengue,
fuera de vino, litó, litó, litó.
Cuántos borrachos hubiera, güi, güi, güi,
por el camino, rengue, rengue, rengue,
por el camino, litó, litó litó.

En esta popular canción, de naturaleza lúdica,
se van agregando otras estrofas en las que, entre
los correspondientes güis, litós, rengues y repeticio-
nes, se canta:

---

6   Río de Cartuja se le llama popularmente en Jerez a un
    trozo del Guadalete, cercano a su desembocadura, por
    encontrarse allí la Cartuja de Santa María de la Defensión.

Por el mismo camino
van doce frailes,
todos llevan alforjas,
chicos y grandes.

Por el mismo camino
va una gallina,
con el huevo en el culo
la muy cochina.

Por el mismo camino
van dos comadres,
con el abaniquillo
dale que dale.

Por el mismo camino
van dos curdelas,
con la garrafa a cuestas
por si es de veras.

Por el mismo camino
van doce monjas,
en busca de los frailes
de las alforjas.

Por el mismo camino,
van dos barberos,
uno le dice al otro
qué peste a pelos.

Por el mismo camino
van dos beatas,
recogiendo colillas
en una lata.

Como se ve, no se desaprovecha la oportunidad para meterse con los miembros del clero y las beatas.

Otras letras son de claro pleonasmo y de una lógica aplastante:

Que es un ciego que no ve,
viva el amor,
que es un ciego que no ve,
viva el laurel.

A todo esto, habría que agregar lo mordaz de la expresión del amante despechado que, en la copla «En el jardín de Venus», al final se lamenta: «Por haberte conocido un lunes por la mañana».

Las suegras tampoco se escapan a la ironía:

Más pallá del infierno, lerén,
cincuenta leguas, lerén,
cincuenta leguas,
tengo alquilado un cuarto, lerén,
para mi suegra, lerén,
para mi suegra.

(Estribillo)
Con los soldados, lerén,
sus oficiales, lerén,
con su espíritu firme, lerén,
sus memoriales.

La pícara de mi suegra, lerén,
me dio unas medias, lerén,
me dio unas medias.
Cada vez que reñimos, lerén,
me quedo en piernas, lerén,
me quedo en piernas.

Estribillo

La pícara de mi suegra, lerén,
me dio unos cuadros, lerén,
me dio unos cuadros.
Cada vez que discutimos, lerén,
los descolgamos, lerén,
los descolgamos.

Estribillo

La pícara de mi suegra, lerén,
me dio unos peines, lerén,
me dio unos peines.
Cada vez que reñimos, lerén,
le parto un diente, lerén,
le parto un diente.

Otras llevan la broma al terreno escatológico:

Tin, tin, Catalina,
tin, tin, Concepción,
que a la puerta llama
el viejo cagón.

Por entrar en la tuya posada,
por entrar en el tuyo mesón,
por gozar de tu amor, Catalina,
por gozar de tu amor, Concepción.
Tin, tin.
¿Quién es?
El viejo cagón.
Pase usted, pase usted, pase usted.

Aunque lo que más abunda son las segundas
intenciones con picardía, por ejemplo:

Aquí te traigo
en el delantal
un conejo vivo
a medio criar.

24 de Diciembre • Plaza de la Asunción

De Jerez Pa Jerez

La zambomba más nuestra

13'30 h "Jerez canta a la Navidad"

Al cante:
Ezequiel Benitez
Coral de los Reyes
Carmen Grilo
Joselete de la Mayeta
Sandra Zarzana
Alicia Jiménez
Pedro, Niño la Fragua
Tomasa Peña
Nono de Perikin
Manuel de Cantarote
Fania Zarzana
Luis de Perikin

Guitarras:
Nono Jero
Fernando De la Morena

Compás y Zambomba:
Rafael Fernandez
Juan Diego Valencia

15'00 h. Coro Abuela María
16'00 h. Son d' Santiago

Ayuntamiento de Jerez · JEREZ · Navidad Jerez · PERIKÍN MUSIC

64

O esta otra:

Tu marido y el mío
van por aceite,
con un cuerno en la mano
y otro en la frente.

Como quieres que vaya
de noche a verte,
si el perro de tu padre
sale a morderme.

Como hemos ido comprobando, y posterior-
mente veremos, otra de las características de estas
letras es la utilización repetida de ciertas palabras
sin significado aparente: maramamiau, miau, miau;
güi, rengue, litó; lerén; lerú; tin tirintín, moliné,
currín tin tin, currín tin tan, vera vin, vera van; terebol, tere terebol, cara caracol, caracol. Soniquete
que se va repitiendo como una letanía, un acompañamiento melódico que une los versos y que, a
veces, es la parte más divertida de la composición.
Quizás un lingüista nos pueda aportar alguna luz
sobre si tras estas palabras se esconden antiguas
expresiones prohibidas por la Inquisición o si sim-
plemente son acertados recursos.

Pongamos ahora unos ejemplos de enamorados:

UN PASTOR LLEVA UNA BURRA

Un pastor lleva una burra
cargada de chocolate,
lleva su chocolatero,
su molinillo y su anafe.

(Estribillo)
Tengo una morena con los ojos negros
que la quiero más que a mi corazón,
y tengo una rubia que es muy saboría,
a esa no la quiero, ay, no, no.
Porque la morena tiene mucha gracia,
que me dice: ju, malagueño,
ay, quítate del sol que te pones moreno.

Un pastor lleva una burra
cargada de huevos frescos
y en la mitad del camino
se la compra un gallego.

Estribillo

[...]

MI CARBONERO

Ay, madre, mi carbonero
no vino ayer

y lo estuve esperando
hasta las tres.

(Estribillo)
Mire usted, madre,
mi carbonero
no tiene cuenta
con los dineros.
¡Carbón!,
carbón de caña, carbón.
¡Carbonero!,
carbonero no quiero yo.

Madre, mi carbonero
no vino anoche
y lo estuve esperando
y hasta las doce.

Estribillo

Ay, madre, mi carbonero
vende picón
hecho con buen sarmiento
de buen olor.

Estribillo

Madre, mi carbonero
tiene una huerta
llena de coliflores
y hasta la puerta.

Estribillo

Madre, mi carbonero
tiene un perrito
lleno de cascabeles
hasta el jopito.

Estribillo

Ay, madre, mi carbonero
cuando se lava
se le ven los lunares
y las pestañas.

PARA PASAR TU CALLE

Para pasar por tu calle
no necesito cuchillo,
que el novio que tú tienes
me lo meto en el bolsillo.

(Estribillo)
Con el leru, leru, leru,
con el leru, leru la,
ajai, cómo te quiero
y qué mal pago me das.
Más vale en tu boca un beso
que en la calle tropezar
con la joroba de un viejo.

Para pasar por tu calle
no necesito escopeta,
que ese novio que tú tienes
me lo meto en la bragueta.

Estribillo

Para pasar por tu calle
no necesito navaja,
ese novio que tú tienes
me lo meto yo en la faja.

Estribillo

Para pasar por tu calle
yo no necesito na,
a mano limpia a tu novio
lo mando al hospital.

LA ALAMEDA

Estándome paseando
un día por la alameda,
que ya por aquí, que ya por allá,
un día por la alameda.

Me encontré con dos muchachas,
no me parecieron feas,
que ya por aquí, que ya por allá,
no me parecieron feas.

Yo las convidé a lechugas,
dicen que tienen una huerta,
que ya por allí, que ya por allá,
dicen que tienen una huerta.

Yo las convidé a pan blanco,
dicen que blancas son ellas,
que ya por aquí, que ya por allá,
dicen que blancas son ellas.

Yo las convidé a garbanzos,
dicen que no tienen muelas,
que ya por aquí, que ya por allá,
dicen que no tienen muelas.

Yo las convidé a turrón,
eso sí les gusta a ellas,
que ya por aquí, que ya por allá,
eso sí les gusta a ellas.

Una cogió cinco libras
y la otra cinco y media,
que ya por aquí, que ya por allá,
y la otra cinco y media.

Así se lo comieron,
las dos se hicieron señas,
que ya por allí, que ya por allá,
las dos se hicieron señas.

Al revolver de una esquina,
está la casa de ellas,

que ya por aquí, que ya por allá,
está la casa de ellas.
Las dos se metieron dentro
y a mí me dejaron fuera,
que ya por allí, que ya por allá,
y a mí me dejaron fuera.

Por debajo de la puerta
me metieron una esquela,
que ya por allí, que ya por allá,
me metieron una esquela.

Debajo de una farola,
allí me puse a leerla,
que ya por allí, que ya por allá,
allí me puse a leerla.

En el primer renglón dice
vaya el tonto a la alameda,
que ya por aquí, que ya por allá,
vaya el tonto a la alameda.

Eso pasa a los hombres
que se fían de mozuelas,
que ya por aquí, que ya por allá,
que se fían de mozuelas.

Y eso me ha pasado a mí,
por yo fiarme de ellas,
que ya por aquí, que ya por allá,
por yo fiarme de ellas.

ZAMBOMBA
FLAMENCA DE JEREZ
Martes 7 de diciembre 2021
CAES Torre Pacheco - 20:30 horas
Compra tu entrada

LA ZAMBOMBA EN EL SIGLO XX[7]

En la década de los años veinte del siglo pasado, la Zambombas comenzaron a aflamencarse al comenzar su pase de lo privado a lo público. Los primeros en dejar un registro sonoro fueron El Mochuelo, con una farruca, y Manuel Vallejo. Aunque el primer villancico de referencia flamenca que más eco tuvo fue «Los campanilleros», de Manuel Torre, que, aunque pertenece a las agrupaciones del campo sevillano, pronto fue incorporado al repertorio jerezano.

---

7   Para los interesados en la evolución de la Zambomba durante el siglo pasado, le recomendamos el interesante artículo de Manuel Naranjo Loreto «La Nochebuena de Jerez: Imaginario estético de una fiesta», *Revista de Flamencología*, n.º 29, Jerez, 2016.

En 1930 salió el disco que contiene el famoso villancico «Buscando posada», de Rafael Ramos Antúnez, de nombre artístico «El Niño Gloria», en el que se puede oír a los que jalean: «¡Viva la Nochebuena de Jerez!». En un anuncio de *La Voz*, diario de Córdoba, fechado en 1929, indica: «*Villancicos y la Nochebuena*, por Vallejo y El Niño Gloria, se puede adquirir en esta casa de Felipe Jiménez, plaza de Cánovas».

Coro de la Cátedra de Flamencología.

Germán Álvarez-Beigbeder compuso, en 1933, de la que imprimió una transcripción para banda en 1940, una obra titulada *Navidad, rapsodia de villancicos*. Se trata de un repertorio de muy buena calidad de romances y villancicos que se cantan en Jerez, como «Los primos romeros», «El maldito cal-

74

derero», «Mi amigo me tira del ombligo», «Madre, a la puerta hay un niño», «Calle de San Francisco», «Belén, campanas de Belén», «La Virgen va caminando» o «A Belén llegar». En la actualidad es parte del repertorio de la Joven Camerata Jerezana.

Encarnación López Júlvez, «La Argentinita», estrena un espectáculo llamado «Las calles de Cádiz», en el que en el segundo cuadro escenifica «La Nochebuena de Jerez», donde, entre otros, aparecen La Malena, Juana la Macarrona, Fernanda Antúnez, La Jaroma y El Gloria. Esta obra será repuesta en los años cuarenta por Concha Piquer, que contó con parte del elenco anterior.

Encarnacion López *Argentinita*. (Fot. Walken). José Calvache *Walken* - (1926-05-22). *La vida del teatro*. La Esfera (646): 22. ISSN 1577-0389. From Biblioteca Virtual de Prensa Histórica (CC BY 4.0)

75

Portada del disco *Fiesta gitana con la familia Caracol.*

El jerezano Antonio Quintero Ramírez fue el guionista de la película *Martingala*, estrenada en 1940, bajo la dirección de Fernando Mignoni. Los protagonistas fueron Niño Marchena y una jovencísima Lola Flores. En la obertura se puede escuchar una versión orquestal de «Maldito calderero». Durante el desarrollo se presenta un cuadro cantando «Hacia Belén va una burra», «Calle de San Francisco», «Los campanilleros» o «Buscado posada».

En 1954, Antonio Mairena graba «Los caminos se hicieron», otro nombre con el que se conoce «Buscando posada». Este es uno de los villancicos jerezanos que más se han interpretado.

Lola Flores registra en 1958 sus *Aires navideños jerezanos*. Mismo título que utiliza Manolo Escobar unos años más tarde. Incluso Peret graba su «Los peces en el río» como «Villancico de Jerez».

Grabado en los cincuenta en México y editado en 1960, aparece un disco con el nombre de *Fiesta gitana con la familia Caracol,* con una versión de «Los peces en el río». Manolo Caracol llegó a editar varias bulerías junto a Melchor de Marchena en las que, insertas, se encuentran fragmentos de «El maldito calderero» o la «Huida a Egipto».

Existen otros discos de Nochebuena en Jerez registrados por Rocío Jurado, Lola Flores y Antonio González, Manolo el Gafas, Adela La Chaqueta o Romerito de Jerez, pero quien sin dudas ha sido la figura más relevante en los cantes por Nochebuena en Jerez ha sido La Paquera de Jerez.

La Paquera grabó, en 1956, «Calle de San Francisco», versión que ha quedado como más popular. En 1962 edita cuatro villancicos, con letra de Antonio Gallardo y música de Nicolás Sánchez Ortega, acompañada de los hermanos Morao. Ese mismo año saca otro disco de villancicos y, tres años más tarde, lanza «Madre, en la puerta hay un niño». Lo curioso es que, siendo la artista jerezana que más villancicos ha grabado, no existen en las portadas de sus discos ninguna alusión a la Nochebuena de Jerez.

77

Aún recuerdo cómo, a finales de la década de los cincuenta y principios de los sesenta del siglo pasado, nos reuníamos por la noche en casa de mi abuela materna para cantar estas canciones navideñas a las que tan aficionada era mi madre. Mi tía Paca sacaba los instrumentos que había tenido todo el año guardados: sonajas, panderetas y, por supuesto, la zambomba. Otros solo teníamos que cogerlos de la cocina o del aparador, como el almirez o una botella de anís. Nos pasábamos horas cantando, el mundo dejaba de existir a nuestro alrededor. En esa época, dada mi corta edad, no sabía si «Mi amigo me tira del ombligo» era un villancico en toda regla o fruto de nuestra imaginación y desparpajo.

También me acuerdo de que esas noches me dejaban, aunque era pequeño, mojarme los labios con Cacao Picó. Yo lo hacía porque me lo daban, porque estábamos de fiesta, porque aprendía a ser mayor, pero aquello no me gustaba, tenía un sabor fuerte y áspero; de mayor he cambiado de opinión, me encanta y, cada vez que me tomo una copita, me viene a la memoria mi niñez navideña en casa de la abuela.

EL DECLIVE Y RESURGIR DE LAS ZAMBOMBAS

A finales de los sesenta y en la década de los setenta del pasado siglo, Jerez comenzó a transformarse con la creación de nuevos barrios periféricos que venían a resolver los problemas de falta de espacio e insalubridad de las antiguas casas de vecinos. Aunque se ganaba en comodidades, la construcción vertical de los pisos favorecía la individualidad, ya que los vecinos no compartían más zonas comunes que la entrada y la escalera, así como la segregación de las diferentes generaciones de la célula familiar. Esto provocó, además, que la antigua población se disgregara y que los vínculos sociales de las nuevas barriadas no poseyeran el espíritu de antaño.

A raíz de ello, las Zambombas fueron perdiendo importancia, apenas las seguían celebrando unos nostálgicos que regresaban por Navidad a la casa de sus mayores y unos viejos que no querían perder su tradición. A duras penas sobrevivieron en barrios como San Miguel y Santiago, como no podía ser de otra forma, en unos barrios que habían dado cobijo a los moriscos y donde nació el flamenco.

La transmisión de estas canciones ha sido oral. Según nuestras investigaciones, la primera recopilación que conocemos fue por iniciativa de Francisca y Josefa Mata Martín, dos hermanas que habían mantenido la tradición junto con otras vecinas del barrio de San Miguel; al comprobar que algunas de las participantes no conocían bien las letras, decidieron mecanografiarlas, sacando copias con papel carbón; en esa época aún no existían las fotocopiadoras. Al escribirlas su interés no fue el de investigar, sino el no dejar caer en el olvido esta tradición oral y ayudar a las demás participantes a seguir las coplas. Según nos ha contado Francisca, tuvieron que recurrir a las vecinas más viejas, del número 15 y 17 de la calle Ramón de Cala, para poder completar algunos de los romances. Esto sucedía en los primeros años de la década de los setenta del pasado siglo. Sabemos que su recopilación ha servido de base, incluso de algo más, a algunos investigadores que, conociendo la procedencia, nunca mencionaron los nombres de estas dos mujeres; como si el agradecimiento estuviese reñido con los propios méritos.

Pero, como se lleva en la sangre, como las raíces a veces pueden más que las propuestas de nuevas formas de cultura, a finales del siglo pasado empezaron a proliferar de nuevo las Zambombas por toda la ciudad. En 1977, tenemos un preámbulo en «Fiesta por Bulerías de la Nochebuena en Jerez», organizada por la Cátedra de Flamencología. En

1979, en la basílica de la Merced de Jerez, Manuel Fernández Molina «Parrilla de Jerez» estrena una «Misa del Gallo flamenca»; que Rafael Infante recogerá en el volumen X de la serie *Flamenco y universidad*. También se tienen noticias, por aquella época, de una Zambomba en la peña El Cañizo.

Poco tiempo después aparece la primera entrega de una de las grabaciones más importantes que se han realizado sobre la Nochebuena en Jerez: *Así*

canta nuestra tierra en Navidad, una antología de canciones navideñas editada en veintinueve volúmenes, uno por año, desde 1982 hasta 2011. Estaba financiada por la Obra Cultural de la Caja de Ahorros de Jerez, su director fue Juan Pedro Aladro, de la editorial Cinterco; la dirección artística la compartían Parrilla de Jerez y José María Álvarez-Beigbeder, los intérpretes fueron, entre muchos otros, La Paquera, La Macanita, José Mecé, el Coro de Villancicos del Aula de Folklore de la Cátedra de Flamencología y la guitarra de Parrilla de Jerez y Gerardo Núñez.

De esta forma, gracias a unos y otros, como si de una eclosión se tratase, pronto se inunda la ciudad de Zambombas. Se hacían libretos con las letras para refrescar las memorias o para enseñar a los que nunca las supieron, se retomaban antiguas melodías, se creaban otras nuevas.

En la actualidad, dentro del mercantilismo y la necesidad de expansión que parece impregnarlo todo, las Zambombas han perdido ese carácter familiar del que siempre gozaron para hacerse públicas, para extenderse por calles y plazas. Ya no es la manifestación de un grupo que se reúne a entonar sus antiguos romances, ahora se ha convertido en una fiesta que ocupa toda la ciudad. Incluso el Ayuntamiento se ha visto en la necesidad de tener que regularlas; aunque ahora no es porque los temas que trata no se sometan a los cánones de la religión imperante, sino porque es tal cantidad de Zambombas que se organizan y tal

85

la afluencia de público que arrastra, que se podría crear un problema ciudadano. Dentro de las normas se ha llegado a la necesidad de dictar una fecha de celebración para estas fiestas, pues cada vez era más temprano su comienzo obviando lo que es el Adviento.

Las Zambombas se anuncian como una fiesta típica jerezana y tiene su conveniente reclamo publicitario. De esta forma, los fines de semana anteriores a la Navidad, la ciudad se encuentra invadida por oriundos y forasteros que ya no buscan un contacto con su pasado, con la tradición, sino una manera de divertirse, de cantar, aunque solo sean los estribillos, de tocar palmas, de pasar un rato con los amigos y beber.

Cuando una celebración deja lo privado y se hace pública, corre el riesgo de masificarse y, con la expansión, perder sus raíces, su esencia. Esto en sí no es ni malo ni bueno, es solo la lucha entre el purismo, la tradición y la sociedad de consumo, que lo absorbe todo en aras de una rentabilidad, aunque sea a costa de despojarla de sus raíces.

Durante el mes de diciembre, peñas flamencas, bares, centros y asociaciones culturales organizan sus propias Zambombas. Uno de los problemas que se plantea es la necesidad de alguien que amenice la fiesta, un grupo de personas que conozcan los cantes y sirvan de núcleo festivo que invite al auditorio a participar; puesto que, como vimos anteriormente, la mayoría de los actuales asistentes desconocen letra y música. A este reclamo han surgido diferentes coros que ofrecen su servicio y van de una celebración a otra según los contratan. En estos grupos ha aparecido la guitarra y la caja como instrumentos musicales de acompañamiento y, algunas veces, se olvidan de la zambomba. Estos coros, quizás para congraciarse con el público, suelen tener un repertorio reducido en el que solo interpretan las canciones más populares. También se entiende que en el pasado, en un patio de vecinos o en una vivienda particular, se podía dar sin ningún problema algún fallo en la interpretación, incluso que algunos ayudaran a los demás a recordar una letra o a seguir un ritmo; parar, volver atrás, cambiar una canción a medias, era parte de la fiesta. Ahora no, ahora, cuando una entidad les paga a los intérpretes, estos no pueden fallar, tienen que conocer bien su repertorio y hacerlo ameno. Por ello, nada de aventuras, de canciones poco conocidas, de letras en romance a las que les cueste seguir a ese grupo variopinto de espectadores.

A este reclamo del renacimiento de las Zambombas, también han surgido nuevas canciones que, a diferencia de las antiguas, casi únicamente tratan el nacimiento del Niño Dios y las aventuras de sus padres; se ha perdido en doble sentido, la burla, el sarcasmo, para dar paso a pastores, panderetas e, incluso, a coronas de espinas.

Otra de las particularidades de las nuevas Zambombas es la hegemonía del ritmo por bulería.

Entendemos que es algo muy propio de Jerez, pero en la tradición dominaba el romance.

María Jesús Ruiz[8] nos dice que «La zambomba en Jerez —y en muchos otros sitios— ha sido malversada. Como a otros bienes etnológicos con inmenso valor patrimonial, se la ha tamizado por el cuello de botella del tipismo y del miope etnocentrismo, desde una ignorancia institucional y una falta de respeto que probablemente se ha traducido en resultados electorales y en prosperidad material para unos cuantos, aquellos que, hoy por hoy, se ganan la vida como "profesionales de la zambomba flamenca"».

Ya tenemos Zambombas en Sevilla, Madrid y Bilbao. Coros jerezanos que son contratados fuera de nuestras fronteras locales para llevar nuestro arte por otros pagos. Esta es otras las novedades que nos han traído los tiempos. Compartamos.

---

8   María Jesús Ruiz, «La zambomba no es flamenco», *Revista de Flamencología*, n.º 29, Jerez, 2016, pp. 7-11.

ALGUNAS LETRAS

Somos conscientes de que son muchas las canciones que faltan, pero no es nuestra intención realizar una nómina completa de todas ellas, sino solo exponer algunos ejemplos de lo que se canta en Jerez durante el Adviento. Si sirven para entornarnos para cuando corresponda, pues mucho mejor.

A LA ORILLA DEL RÍO

A la orilla del río
de Alejandría
paso el tiempo sembrando
mi fantasía.
A la orilla del río
sembré una pita,
me salieron tres rosas,
todas distintas.

(Estribillo)
Tin tirritín tin tin,
moline, moliné,
de la vera van.
Que currín, tin tin
que currín, tin tan,
de la vera vera, vin,
de la vera vera, van.

A la orilla del río
sembré una parra,
me salieron tres chorros
de agua salada.
A la orilla del río
sembré tres coles,
me salieron tres hijos

93

como tres soles.

Estribillo

A la orilla del río
sembré un bambú,
me salieron tres damas
vestidas de azul.
A la orilla del río
sembré pepinos,
me salieron tres frailes
de capuchino.

Estribillo

A la orilla del río
fueron las bodas,
llama a los invitados
con cacerolas.
A la orilla del río
de Alejandría,
con el sol y la luna
me distraía.

LA RECIÉN CASADA

Una recién casada
puso una olla
con un barril de agua
y una cebolla.

Tu marido y el mío
van por aceite,
con un cuerno en la mano
y otro en la frente.

Una recién casada
hizo la cama,
debajo del colchón
puso la manta.

Como quieres que vaya
de noche a verte,
si el perro de tu padre
sale a morderme.

DEL TEREBOL

Ya está el pájaro, madre,
puesto en la esquina,
del terebol, tere terebol,
cara caracol, caracol,
puesto en la esquina,
puesto en la esquina,
esperando que pasen
las golondrinas,
del terebol, tere terebol,
cara caracol, caracol,
las golondrinas,
las golondrinas.

Pues si yo soy golondrina,
tú eres la rueca,
del terebol, tere terebol,
cara caracol, caracol,
tú eres la rueca,
tú eres la rueca,
porque todos los domingos
te pones hueca,
del terebol, tere terebol,
cara caracol, caracol,
te pones hueca,
te pones hueca.

Pues si me pongo hueca,
puedo ponerme,
del terebol, tere terebol,
cara caracol, caracol,
puedo ponerme,
puedo ponerme,
que el galán que me ronda
pesetas tiene,
del terebol, tere terebol,
cara caracol, caracol,
pesetas tiene,
pesetas tiene.

Pues si tiene pesetas,
que las enseñe,
del terebol, tere terebol,
cara caracol, caracol,
que las enseñe,
que las enseñe,
y te compre un vestido
de seda verde,
del terebol, tere terebol,
cara caracol, caracol,
de seda verde,
de seda verde.

Y después de comprarlo
métele fuego,
del terebol, tere terebol,
cara caracol, caracol,
métele fuego,
métele fuego,

y verá como arde
el vestido nuevo,
del terebol, tere terebol,
cara caracol, caracol,
el vestido nuevo,
el vestido nuevo.

LA ZAMBOMBA TIENE UN DIENTE

La zambomba tiene un diente
y el carrizo tiene dos
y la que está tocando
tiene más de veintidós.

(Estribillo)
Dale a la zambomba
y dale al carrizo
las gentes del campo
no comen chorizo
y si lo comieran,
lo comieran frito.

Estribillo

Niña que está en la ventana
ven y siéntate a la mesa
porque vamos a cenar
antes que empiece la fiesta.

Estribillo

Saca, niña, los pestiños
y la botella de anís,
que esta noche es Nochebuena

y no es noche de dormir.

Estribillo

La zambomba es un puchero
que ha venido de Aragón
y el muchacho que la toca
quiere barras de turrón.

PADRE CURA MI MARIDO

Siéntate si vas despacio,
siéntate y te contaré.

Padre cura mi marido
me quiere pisar un pie.

Déjalo que te lo pise,
si te da bien de comer.

Me da un pollito dorado,
con azuquita y con miel.

Estando en estas razones,
a la puerta llama Andrés.

Padre cura mi marido,
¿adónde lo meto a usted?

Méteme en aquel costal
y arrímame a la pared.

Apenas entró el marido,
lo primero que ve.

101

¿Qué es ese costal tan grande,
arrimado a la pared?

Fanega y media de trigo
que han traído para moler.

Sea de trigo o no lo sea,
mis ojos lo quieren ver.

Apenas destapó el saco,
lo primero que ve

es la sotana del cura
y el sombrero calañés.

La mula se ha puesto mala
y usted tiene que moler.

Lo amarraron a la una
lo soltaron a las tres.

Apenitas lo soltaron,
el cura echó a correr.

Parecía que llevaba
el demonio entre los pies.

A la mañana siguiente,
a la misa fue Isabel.

Padre, vaya usted a mi casa,
mi marido lo quiere ver.

Vaya tu marido al infierno
y tú te vayas con él.

LOS SEGADORES

Salieron tres segadores
a segar fuera de casa.
Llevaban dedines de oro,
las hoces de fina plata.
Y uno de los segadores
lleva ropita de holanda.

Llegaron a cierto pueblo,
se pasean por la plaza.
Una dama en un balcón
del segador está prendada.
Y lo ha mandado llamar
con una de sus criadas.

El segador obediente
fue detrás de la criada.
Sígame usted, segador,
que mi señora lo llama.
¿Qué me quiere, señorita,
qué me quiere y qué me manda?

Quiero que me siegue usted
una poca de cebada.
Dígame usted, señorita,
¿dónde la tiene sembrada?

Ni está en alto ni está en bajo
ni está en cerro ni en cañada.

Está en medio de dos columnas
que las sostiene mi alma.
Esa cebada, señora,
no está para yo segarla.
Que es para ricos marqueses
o para el dueño de la casa.

Siéguela usted, segador,
que para usted está sembrada.
Segaron siete gavillas
y a las doce se levantan.
El padre que la escucha:
Dime, niña, ¿con quién hablas?

¿Con quién quiere usted que hable?
Con una de mis criadas.
El segador al oír esto
pega un salto de la cama.
No te vayas segador,
que se te olvida la paga.

Le ha dado dos mil doblones
en un pañuelo de holanda.
Que más valía el pañuelo
que el dinero que llevaba.
Al otro día siguiente
las campanas redoblaban.
¿Quién se ha muerto,
quién se ha muerto?

El segador que segaba.
No se ha muerto,
no se ha muerto,
que lo ha matado la dama.

¿Quién ha sido esa señora?
La señora de la Algaba.
El dinero para el entierro
y el pañuelo para la cara.
Y aquí se acaba la historia
del segador que segaba.

SALÍ DE LA CASA JUEGO

Salí de la casa juego
cansadito de perder
y por mi mala fortuna
me he encontrado a una mujer.

Como la vi tan hermosa
de ella me enamoré,
la seguí paso por paso
hasta que la encontré.

Caballero, si usted quiere
de mi hermosura gozar,
todo cuanto le pida
me lo tendrá usted que dar.

Lo primero es una casa
que cueste dos mil doblones,
que caiga sobre murallas,
celosías y balcones.

En medio de aquella casa,
quiero tener un jardín
con flores de todas clases,
para distraerme a mí.

En medio de aquel jardín
quiero tener una fuente
con cuatro chorros de agua,
para distraer a la gente.

Desde mi casa a la iglesia
he de tener un tablado,
para cuando vaya a misa
no me manche los zapatos.

Vaya usted con Dios, mocita,
vaya usted con Dios, clavel,
que no es mucho lo que usted pide,
si encuentra quien se lo dé.

Melo, melo, melo

En la botica hay un vaso
y en el vaso una bebía
y en la bebía una rosa
y en la rosa una María.

(Estribillo)
Señor Feliciano, si vas,
si vas a la ermita
del agua bendita
y si, y si te encontraras
con el ermitaño
me lo, me lo, me lo,
me lo traigo.
Buenos, buenos días,
pase usté de largo.

Por las calles de Belén
presumen los buenos mozos
y las mozas con su madre
les hacen señas con los ojos.

Estribillo

Por las calles de Belén
las mozas van paseando

y yo sin un perro gordo
pa mi casa voy llorando.

Estribillo

Por las calles de Belén
las mozas van presumiendo
y los mozos en las esquinas
cositas les van diciendo.

Estribillo